Scheren - Trimmen - Pflegen für WESTIES

W0414044

Eine praktische Anleitung zum Selbermachen

Dr. Dieter Fleig GmbH
Konrad-Zuse-Straße 3, 54552 Nerdlen/Daun
Telefon 06592 957389-0, Fax 06592 957389-20
www.kynos-verlag.de

Fachliche Beratung: Margot Klein
Textredaktion und Fotos: Gisela Rau

Gedruckt in Lettland

4. Auflage 2010

ISBN 978-3-933228-71-0

EINLEITUNG

Fellpflege - warum?

Der Westie gehört zu den rauhaarigen Hunderassen Er hat ein doppeltes Haarkleid, das heißt, es besteht aus einem festen, drahtigen, dichten und rauen Deckhaar und aus einer Schicht von kürzerem und feinerem Unterhaar. Das Deckhaar hat die Aufgabe, Schmutz und Wasser vom Körper fernzuhalten, während das feinere Unterhaar, zwischen dem sich eine Luftschicht aufbauen kann, wie ein Isolierkissen wirkt. Dieses raffinierte Doppelfell macht den Westie besonders wetterfest und robust.

Das Fell wächst ständig nach, geht aber im Frühjahr und Herbst nicht aus - wird er nicht frisiert, sieht er bald aus wie ein kleines, lockiges Schaf. Sicher gibt es auch Menschen, die so ein urwüchsiges Aussehen schön finden, aber bedenken Sie, dass das Fell dann schnell verfilzt. Es sieht nicht nur ungepflegt aus, sondern ist auch anfällig für Parasiten wie Flöhe oder Milben. Die Haut kann nicht mehr atmen - Schuppen und Ekzeme sind die Folge. Dazu kommt, dass sich im langen Fell auch mehr Schmutz verfängt und es kaum noch möglich ist, den Hund nach einem Spaziergang wieder zu säubern.

Zu guter Letzt sieht ein Westie mit ungepflegtem Fell auch gar nicht mehr aus wie eine Westie! Die passende Frisur gehört einfach dazu, um seinen schönen Körperbau und seinen terriertypischen Ausdruck zur vollen Geltung zu bringen. Also: Pflege muss sein! Bloß wie?

Trimmen oder Scheren?

Echte Westie-Enthusiasten vertreten vehement die Meinung, dass ein Westie nie, niemals geschoren, sondern nur getrimmt werden darf. Sie haben insofern Recht, dass durch das Scheren die typische Doppelstruktur des Haares verloren geht - festes, glänzendes Deckhaar und feine, stumpfe Unterwolle sind nun gleich kurz, was zur Folge hat, dass das ganze Fell glanzloser wirkt. Das Fell schiebt sich auch nicht mehr so gleichmäßig von unten nach, wie es bei einem getrimmtem Hund mit so genanntem »Rolling Coat« der Fall ist. Trotzdem kann Scheren eine pflegeleichte Alternative sein, besonders bei älteren Tieren, denen man ein so langes Stillhalten, wie es für das Trimmen nötig ist, nicht zumuten will. Manche Westies haben auch ein sehr weiches, wolliges Deckhaar (nach Rassestandard ein Fehler), das sich nicht gut trimmen lässt und besser geschoren wird. Traditionell wird ein Westie aber getrimmt.

Was ist eigentlich Trimmen?

Trimmen bedeutet, dass alles lose, überflüssige Haar regelmäßig von Hand bzw. mit Hilfe eines Trimmmessers ausgezupft wird. So kann frisches Haar von unten nachwachsen und es entsteht das so genannte »rollende Haarkleid«, bei dem das alte, stumpf und brüchig gewordene Haar ständig erneuert wird. Ein regelmäßig getrimmter Hund haart deshalb auch kaum - ein großes Plus für die Haltung in der Wohnung! In der Regel ist das Fell nach etwa 8 Wochen so weit nachgewachsen, dass es komplett getrimmt werden muss. Man macht sich die Arbeit leichter, wenn man auch zwischendrin immer wieder einmal lose Haare auszupft.

Zum Selbermachen und als praktische Alltagsfrisur eignet sich für den Westie am besten eine Kombination aus Trimmen und Scheren: Nacken, Rücken, Oberseite der Rute und die Läufe (Beine) werden getrimmt, die Unterseite des Halses, Oberseite der Ohren und das Hinterteil werden geschoren. Anschließend wird mit der Schere nachgearbeitet.

Puristen arbeiten komplett mit Auszupfen - dazu braucht man aber viele Stunden Zeit, einen geduldigen Hund, gehörige Ausdauer und vor allem auch Können, damit es hinterher auch nach etwas Vorzeigbarem aussieht! So schwer müssen Sie es sich gar nicht machen, wenn Sie Ihren Hund nicht gerade auf einer Ausstellung präsentieren möchten. Bevor wir uns das Frisieren Schritt für Schritt anschauen, noch ein paar wichtige Dinge vorweg.

Bürsten muss sein

Natürlich reicht es nicht, sich nur alle acht Wochen um die Pflege des Haarkleides zu kümmern. Sie sollten Ihren Westie mindestens einmal die Woche gründlich bürsten, damit Verfilzungen gar nicht erst entstehen können. Außerdem bemerken Sie dabei Hautveränderungen oder Parasitenbefall schon im Ansatz und können frühzeitig gegensteuern. Am besten eignen sich zur Pflege eine Drahtbürste mit weichem Gummirücken und ein grobzackiger Kamm. Wenn man die Haare vorher leicht anfeuchtet, lassen sie sich leichter durchbürsten. Vorsicht, dass Sie keine Haare ausreißen, sondern jeden Knoten vorsichtig auskämmen! Wenn Sie ziepen und zerren, verleiden Sie dem Hund nur unnötig die Fellpflege.

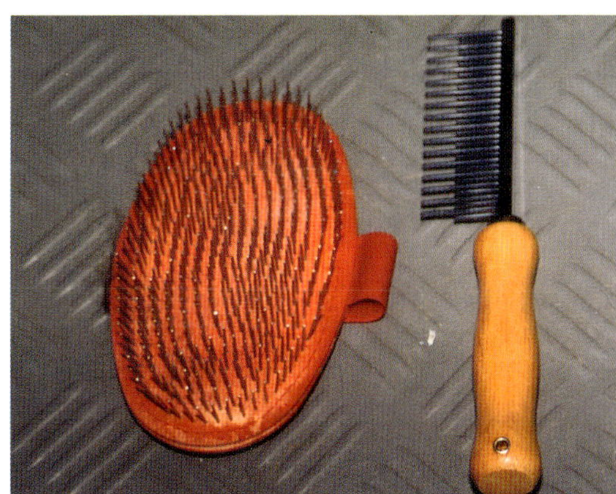

Oben: »Terrierbürste« und Kamm.

Unten: Entfilzungsmesser für verfilzte Stellen.

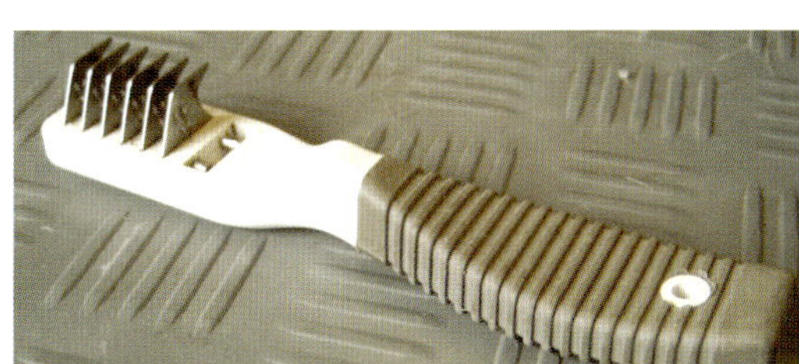

GUT VORBEREITET

Früh übt sich

Schon der Welpe sollte an eine regelmäßige Fellpflege gewöhnt werden. Dabei muss man aber langsam vorgehen, um ihm die Angelegenheit nicht zu verleiden. Anfangs reichen wenige Bürstenstriche mit einer weichen Naturhaarbürste, begleitet von lobenden Worten, wenn der Kleine stillgehalten hat. Ziepen Sie nicht! Seien Sie sanft, aber konsequent: Der Hund muss akzeptieren, dass Sie ihn überall anfassen und auch einmal auf den Rücken drehen dürfen. Sie sind der Chef!

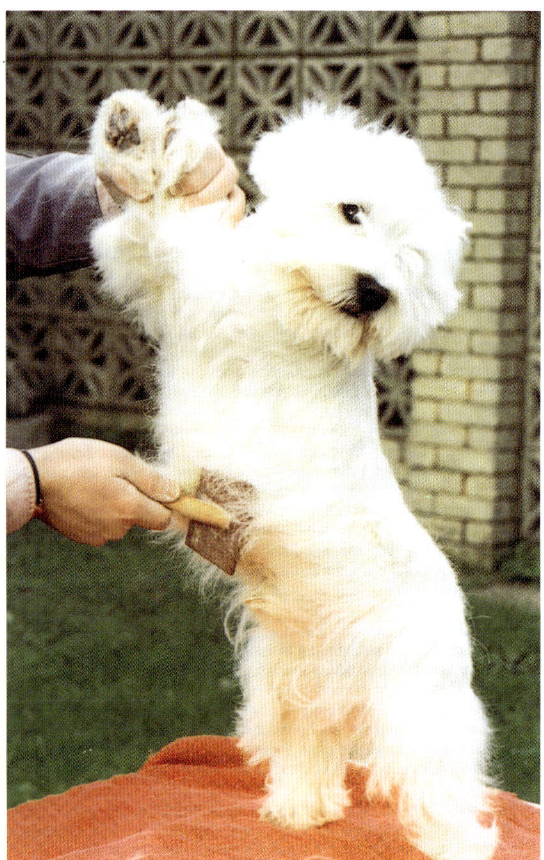

Wer früher übt, hat's später leichter!

Geben Sie ihm sofort danach ein Leckerchen zur Belohnung und spielen Sie mit ihm, damit er lernt, dass Gebürstetwerden etwas Angenehmes ist und ganz normal zum Alltag gehört. Üben Sie anfangs täglich, aber jeweils nur kurz! Die Mühe lohnt sich, denn so vermeiden Sie spätere Probleme. Wenn man gefühlvoll vorgegangen ist, genießen die meisten Hunde die Fellpflege sehr. Sie symbolisiert Zusammengehörigkeitsgefühl und ist ein echter Freundschaftsdienst.

Der Pflegetisch

Man kann sich theoretisch auf den Boden knien, um seinen Hund zu bürsten oder zu trimmen. Bequem ist das aber nicht, besonders nicht bei einem so kleinen Hund wie dem West Highland White Terrier! Einfacher macht man sich das Leben, wenn man den Hund daran gewöhnt, während der Fellpflege auf einem Tisch zu stehen. So machen es auch die Profis im Hundesalon. Dort gibt es in der Höhe verstellbare Tische, damit man sowohl kleine als auch große Hunde in Augenhöhe vor sich hat, bequem arbeiten kann und alles gut sieht.

Für zuhause tut es jeder Tisch in angenehmer Höhe, der stabil steht und eine rutschfeste Oberfläche hat. Zur Not hilft eine rutschfeste Auflage aus Gummi, zum Beispiel eine Duschwanneneinlage mit Saugnäpfen oder etwas ähnliches.

Für den Hund hat der Tisch den Vorteil, dass er schon bald lernt, ihn mit der Fellpflegesitzung in Verbindung zu bringen. Aha, Arbeitszeit! Er wird besser stillhalten

Für Rico ist es wohl mal wieder Zeit für einen Friseurtermin!

als in einer Umgebung, in der er sonst nur spielt, schläft oder frisst.

Für einen jungen Hund ist das Stillhalten anfangs schwer. Nur Geduld! Es ist besser, wenn Ihr Hund anfangs nur kurz stillhält und dafür belohnt wird - also mit einem Erfolgserlebnis vom Tisch geht - als dass Sie über ein längeres Stillhalten mit ihm steiten müssen. Sehr hilfreich ist, wenn Ihr Hund schon die Kommandos »Steh« oder »Bleib« kennt. Dann können Sie ihm viel schneller begreiflich machen, was er auf dem Tisch soll.

Wenn Sie Ihren Hund zum ersten Mal auf dem Tisch bürsten, hilft es sehr, wenn ihn eine zweite Person festhalten kann. So haben Sie beide Hände frei. Vergessen Sie die Belohnung nicht! Schlagen Sie einen Hund nie, wenn er nicht auf dem Tisch bleiben will, denn damit würden Sie genau das Gegenteil von dem erreichen, was Sie wollen. Ignorieren Sie einfach sein Gezappel, halten ihn sanft, aber bestimmt fest, ohne lautstark zu schimpfen (ein kurzes »Nein« oder »Steh« reicht) und loben Sie ihn, sobald er ruhig steht. Er wird schon bald verstehen, wofür es die Belohnung gibt!

Probleme bei der Fellpflege

Oft berichten Hundebesitzer, dass ihr Hund bei der Fellpflege knurrt oder sogar zu schnappen versucht. Dann muss man sich als Erstes fragen, ob nicht vielleicht Schmerzen Ursache für das aggressive Verhalten sind. Hat er entzündete Hautstellen oder Verletzungen, die bei Berührung schmerzen?

Andere Hunde haben einfach Angst, weil sie schlechte Erfahrungen bei der Fellpflege gemacht haben oder gar geschlagen worden sind (bei Tierheimhunden weiß man das leider nie so genau). Wieder andere sind schlichtweg sehr dominant und missachten die höhere Position des Menschen. Hier hilft oft eine Wiederholung der Unterordungsübungen (Sitz, Platz und Bleib) und Konsequenz - Ignorieren von schlechtem, Belohnen von gutem Verhalten. Wenn Sie nicht sicher sind, was die Ursache für die Probleme ist und Sie mit freundlicher Konsequenz (wie bei der Gewöhnung des Welpen ans Bürsten beschrieben) nicht weiterkommen, sollten Sie einen professionellen Hundetrainer oder Verhaltenstherapeuten um Rat fragen. Als vorübergehende Lösung hilft auch ein Maulkorb, das Schnappen zu verhindern, denn Ihre Sicherheit geht natürlich vor!

FRISIEREN SCHRITT FÜR SCHRITT

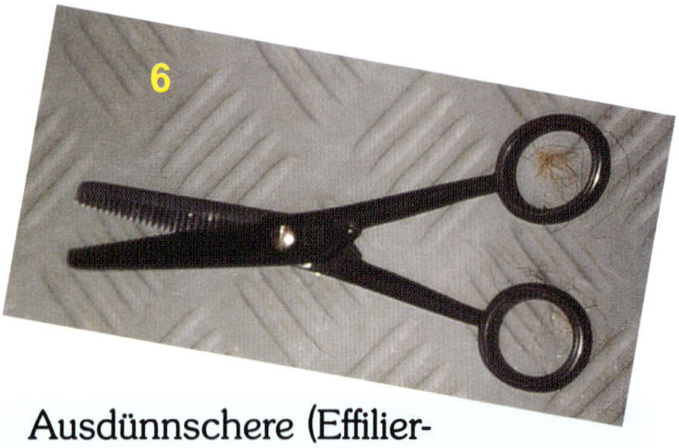

Sie benötigen:

- Drahtbürste 1
- Weit gezackter Kamm 2
- Trimmmesser 3
- Kalkpuder oder Kreide 4
- Schere 5
- Ausdünnschere (Effilierschere) 6
- Handklippmesser oder 7
- elektrische Schermaschine mit Aufsatz 3 oder 5 Millimeter 8

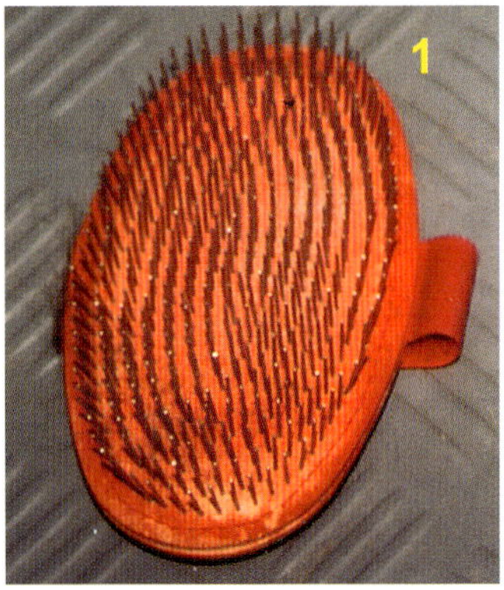

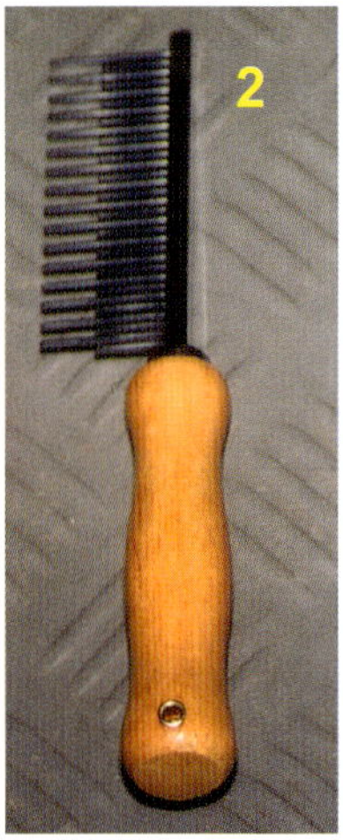

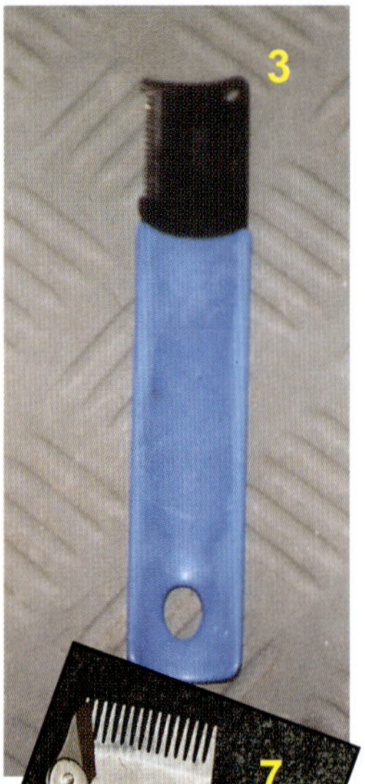

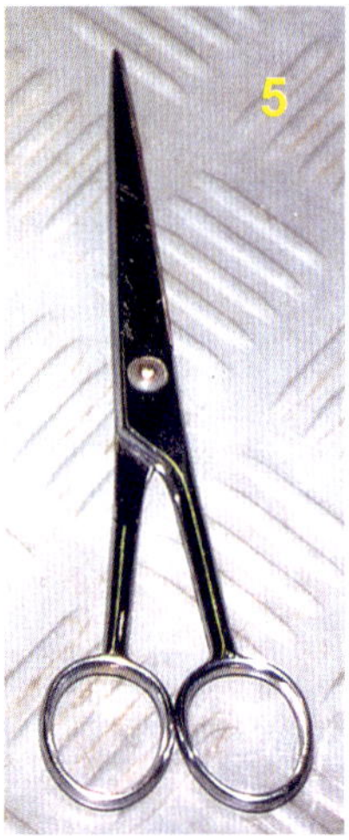

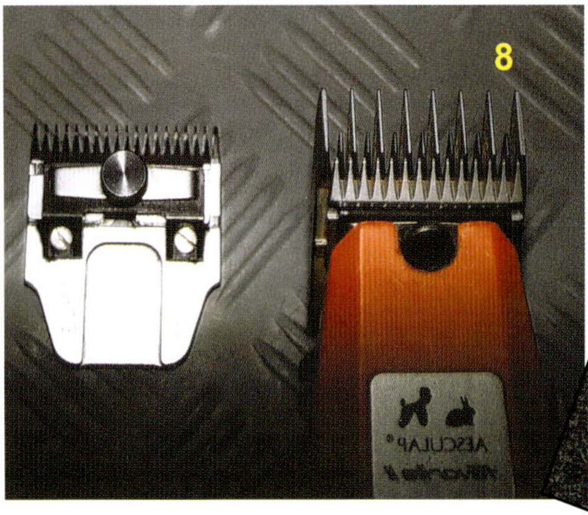

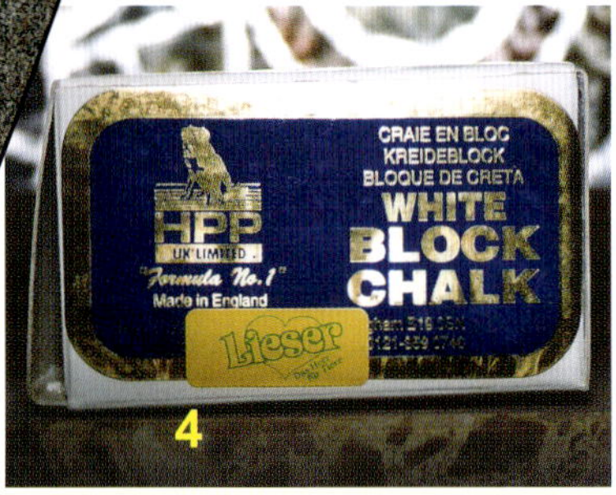

RÜCKEN- UND KÖRPERHAAR

Variante 1: Trimmen

Bürsten Sie den Hund zuerst gut durch und stäuben Sie Rücken und Seiten leicht mit dem Kalkpuder ein. Es hilft, dass man die Haare besser fassen und auszupfen kann.

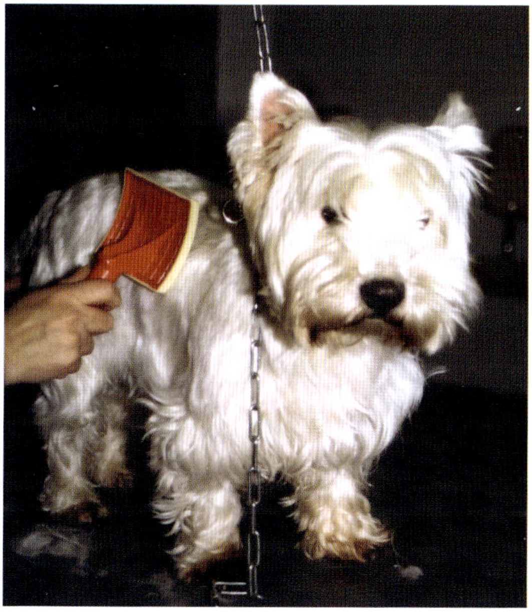

Nehmen Sie das Trimmmesser so in die Hand:

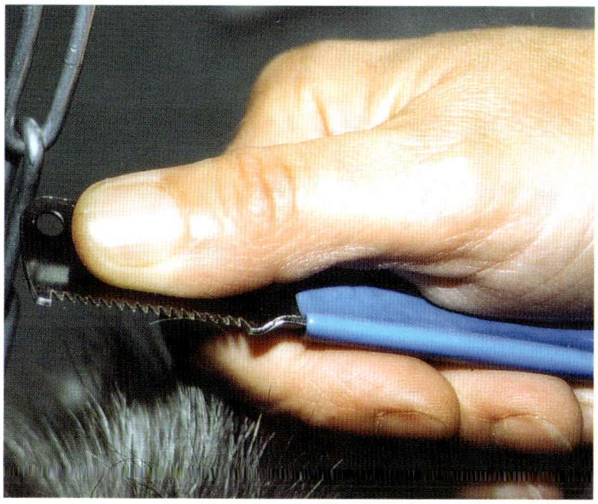

S

Fassen Sie jeweils einige Haare zwischen Messer und Finger und zupfen sie aus. Sie merken schnell, welches Haar lose ist und sich leicht entfernen lässt. Geben Sie Acht, dass Sie die Haare nicht mit dem Trimmmesser abschneiden, sondern wirklich mit kurzem, energischem Ruck in Wuchsrichtung ausziehen. Das tut dem Hund nicht weh, denn Sie zupfen ja nur totes Haar aus! Halten Sie das Messer möglichst senkrecht und nicht schräg zum Hund, sonst schneidet es.

Beginnen Sie am Hinterhauptbein (dem Übergang vom Kopf zum Nacken) und arbeiten Sie sich über den Rücken gerade nach hinten. Auch die Rutenoberseite wird so abgetrimmt. Anschließend sind die beiden Körperseiten an der Reihe.

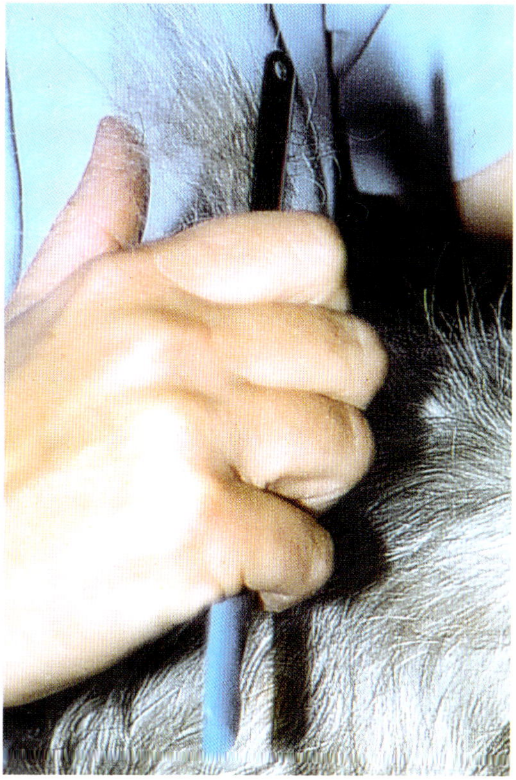

Variante 2: Scheren

Bei Westies mit weichem anstatt rauem Haar (in der Fachsprache »wooly coat«) funktioniert das Trimmen nicht und ist eher eine Quälerei, weil die Oberhaare nicht absterben und nicht leicht ausgehen. Für Ausstellungen sind solche Hunde ungeeignet. Wer aber seinen heiß geliebten Westie als Familienhund hält, dem ist das herzlich egal! Beim weichhaarigen Hund wird deshalb das Haar an Nacken, Rücken und Körperseiten geschoren. Am besten geht das mit einem elektrischen Scherapparat und einem weit gezahnten Aufsatz (kleines Bild) von 7 mm.

Man schert immer mit dem Strich, also in Wuchsrichtung der Haare, da man ansonsten den Hund fast kahl rasiert. Anstelle der elektrischen Schermaschine kann man natürlich auch ein Handklippmesser verwenden. Das ist nur etwas mühsamer und wird meistens auch nicht so gleichmäßig. Entstandene Stufen gleicht man am besten hinterher mit der Effilierschere aus. Führen Sie den Scherapparat seitlich gerade am Hund herunter und nicht bis unter den Bauch, weil die seitlich am Bauch herab hängenden Haare etwas länger bleiben sollen (siehe Zeichnung Seite 9).

Natürlich ist es sinnvoll, den Hund vorher schon an das Geräusch der Schermaschine zu gewöhnen, damit er keine Angst hat. Auch hier helfen Futterbelohnungen und gute Worte.

TRIMM-LANDKARTE FÜR DEN WESTIE

Erklärung:

Das schraffierte Feld mit der Nummer 1 wird mittel kurz getrimmt oder geschoren, und zwar möglichst gleichmäßig.

An den mit 2 gekennzeichneten Bereichen werden die Haare mit Handklippmesser, Schermaschine oder Effilierschere stärker gekürzt als im schraffierten Feld 1. Der gepunktete Bereich an der Kehle ist ganz kurz.

Die mit der Zahl 3 gekennzeichneten Bereiche bleiben insgesamt länger. Ob so lang wie auf der Zeichnung oder etwas kürzer, müssen Sie selbst entscheiden. Die Haarlänge an Bauch und Läufen richtet sich auch danach, ob der Hund auf Ausstellungen geht oder häufig auf lange Touren ins Gelände, und das auch bei nassem Matschwetter ...

RUTE

Zuerst ertastet man mit den Fingern den letzten knöchernen Rutenwirbel und schneidet das Haar oberhalb davon gerade ab.

Dann schneidet man alle unordentlich abstehenden Haare auf der Oberseite weg (auszupfen geht auch), so dass eine relativ flache, glatte Oberfläche entsteht. Bei zu dickem Haar dünnt man mit der Effilierschere aus.

Von der gesamten Unterseite der Rute entfernt man die langen Haare in Wuchsrichtung.

Zum Schluss schneidet man die Seiten so zu, dass die Rute am Ansatz breiter bleibt und zum Ende hin gleichmäßig spitzer zuläuft. Die fertig geschnittene Rute soll die Form eines Tannenbäumchens haben.

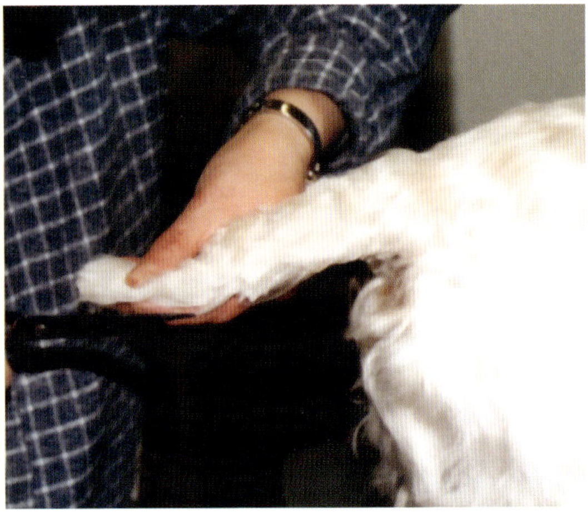

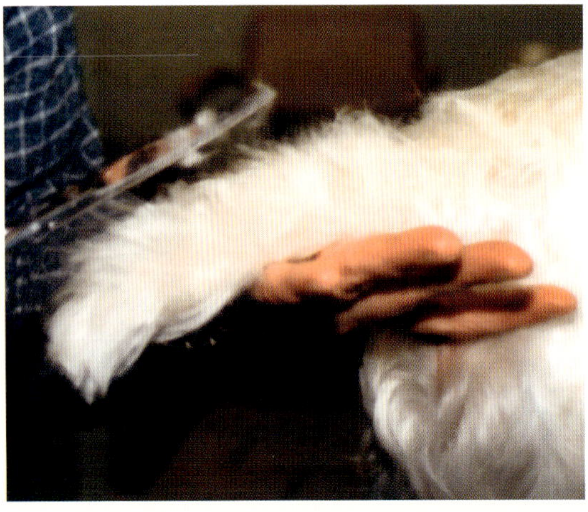

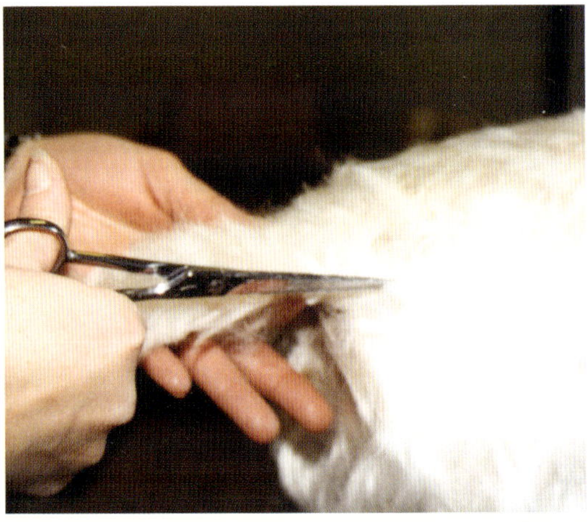

HINTERLÄUFE UND RÜCKSEITE

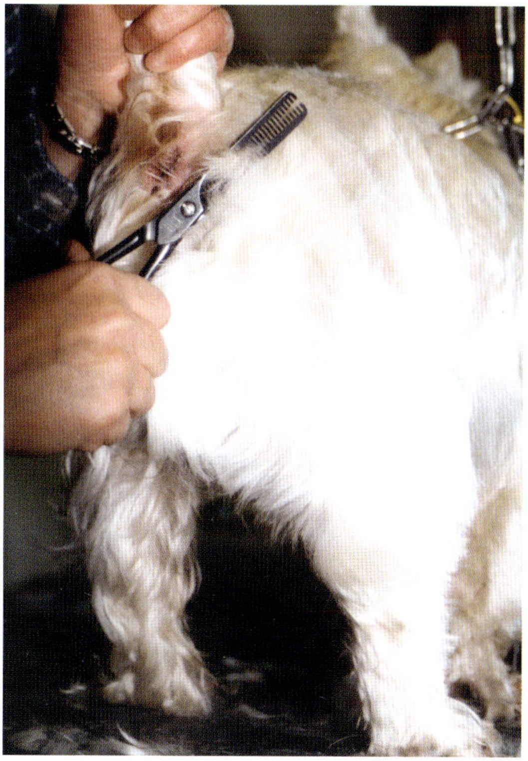

Um dem Hinterteil des Westies zu einem ordentlichen Aussehen zu verhelfen, kürzt man zuerst die Haare rund um den After. Am besten geht das mit der Ausdünnschere.

Von Rutenansatz bis zur Mitte einer gedachten Linie zu den Sprunggelenken wird das Haar mit der Effilierschere gekürzt.

Zwischen den Hinterläufen und über den Sprunggelenken lässt man das Haar etwas länger stehen und schneidet es im Bereich der gelben Linie gerade ab.

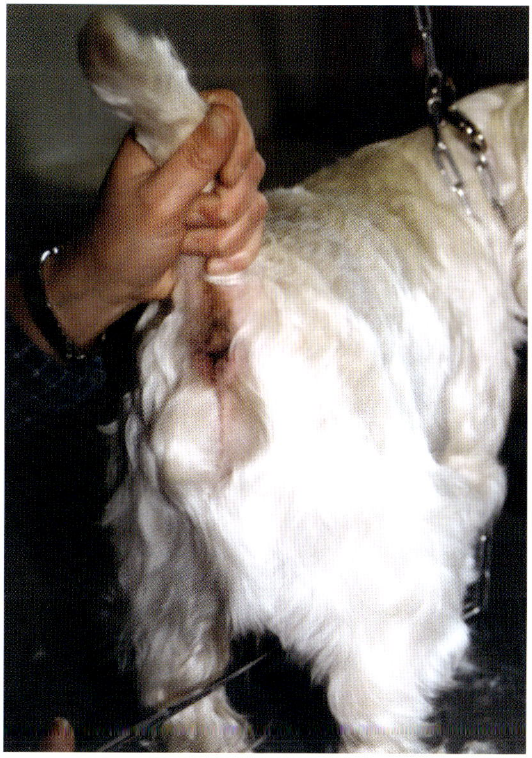

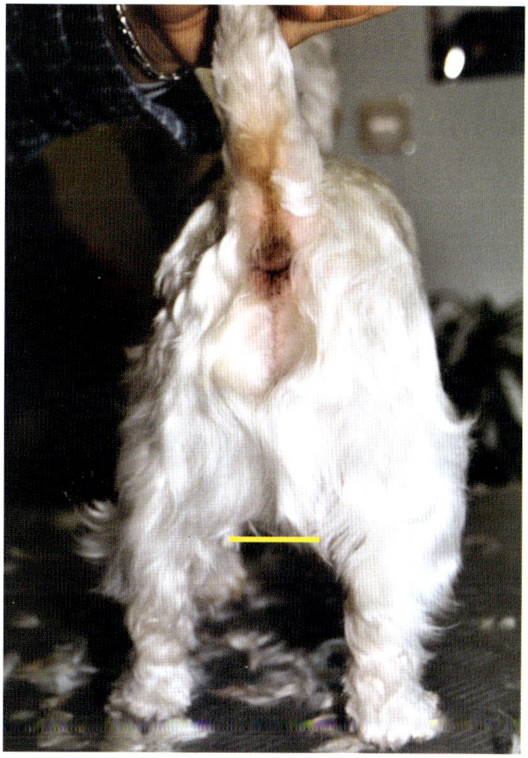

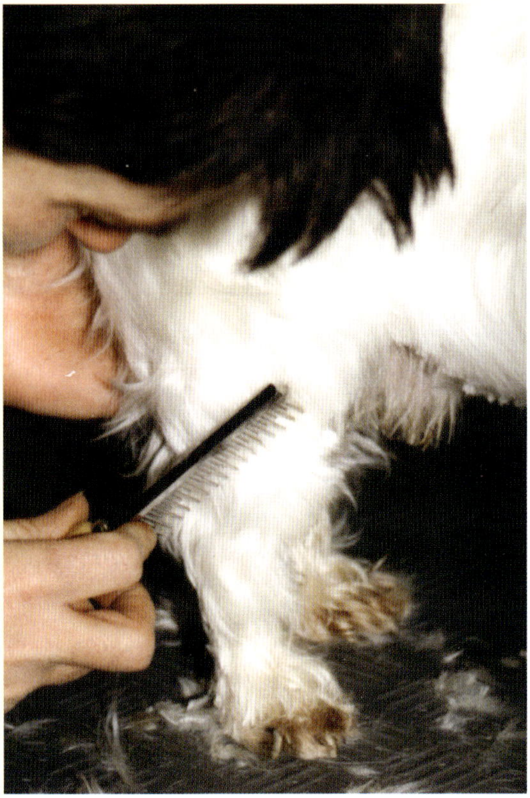

Um den Hinterläufen das gewünschte Aussehen zu geben, bürstet man das Haar zuerst gleichmäßig nach unten.

Mit einer geraden Schere schneidet man dann auf Vorder- und Rückseite des Laufes (aus Seitenansicht) ab dem Sprunggelenk die Haarspitzen so ab, dass sie sich der natürlichen Winkelung des Laufes angleichen.

Von hinten betrachtet schneidet man die seitlich überstehenden langen Haare so ab (oder zupft sie aus), dass die Läufe eine möglichst gerade Form erhalten (siehe Zeichnung unten). Beachten Sie die lang gelassenen und unten gerade abgeschnittenen Haare zwischen den Hinterläufen.

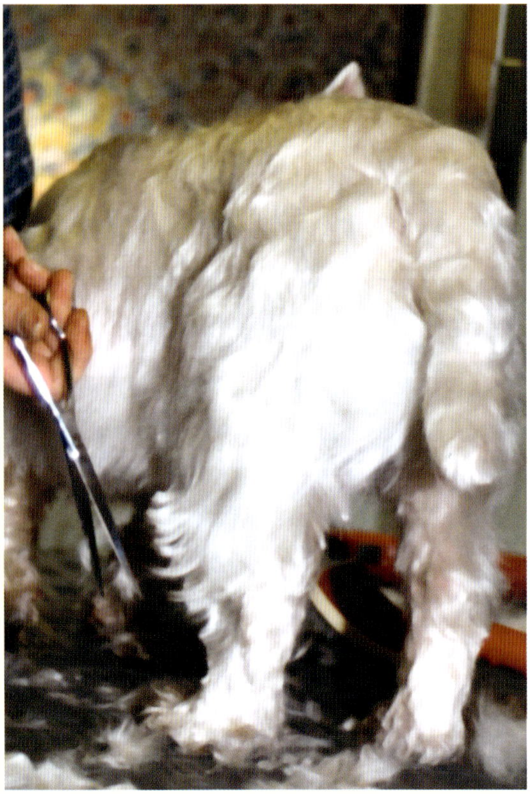

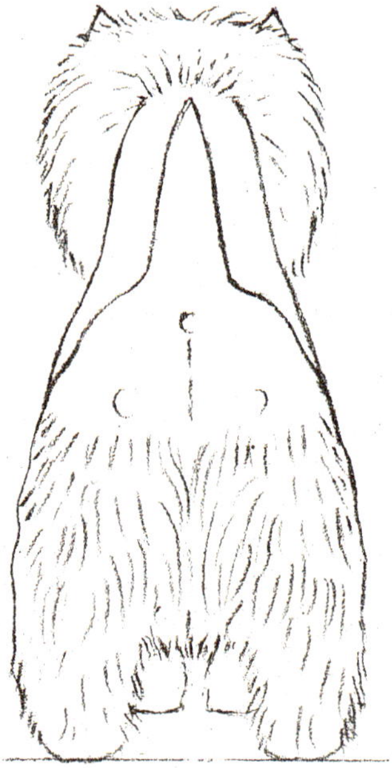

BAUCH

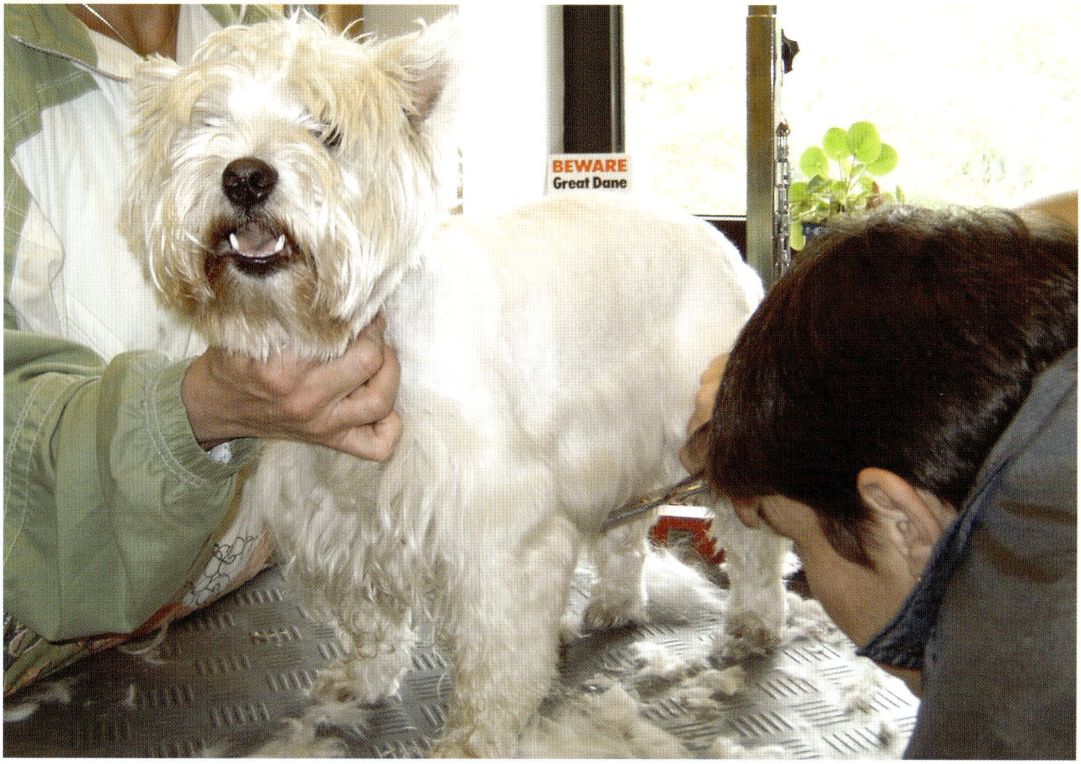

Die Haare unter dem Bauch werden beim Westie nicht zu kurz geschnitten, sondern etwas länger gelassen (vgl. Zeichnung auf S. 12). Die Bauchunterseite wird deshalb nur mit der Schere begradigt, nachdem man alle Haare gut durchgebürstet und nach unten gekämmt hat. Spätestens jetzt werden Sie merken, warum das Arbeiten auf einem Pflegetisch seine Vorteile hat!

Für einen Familienhund, der viel draußen unterwegs ist oder auf dem Land lebt, können allerdings etwas kürzere Haare unter dem Bauch praktischer sein, weil weniger Schmutz darin hängen bleibt. Entscheiden Sie selbst, wie lang Sie die Haare lassen möchten.

Bei Rüden empfiehlt es sich, vor dem Penis eine etwa 3-4 cm lange Schneise ins Fell zu schneiden, weil die Haare hier sonst ständig von Urin verschmutzen. Vorsicht, Verletzungsgefahr! Arbeiten Sie mit einer stumpfen Schere und bitten Sie am besten einen netten Menschen, den Hund für Sie festzuhalten.

VORDERLÄUFE

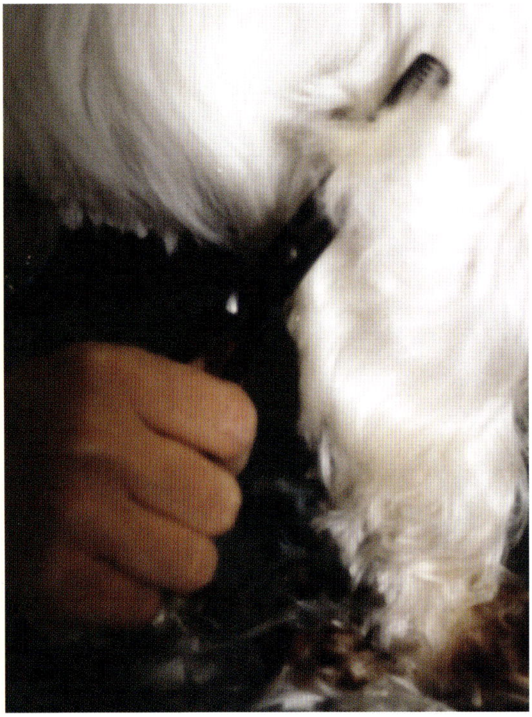

Die Vorderläufe werden zuerst glatt gebürstet. Am Übergang zur Schulter arbeitet man mit der Effilierschere einen natürlich wirkenden Übergang zum kürzeren Körperhaar heraus.

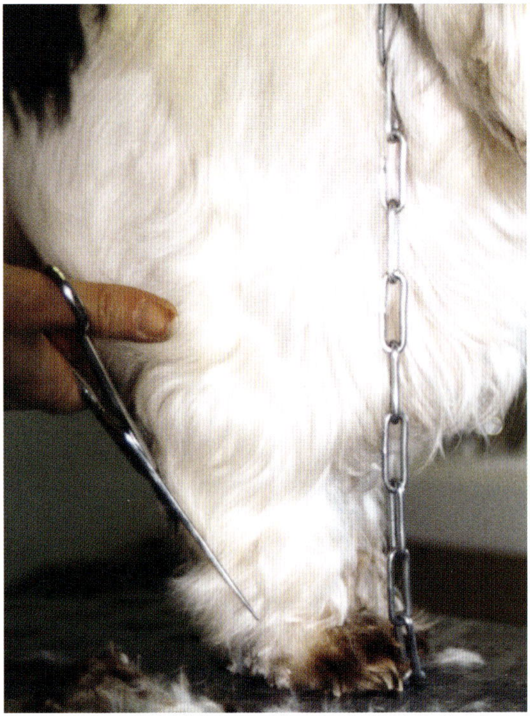

Auf der Rückseite werden die Haarspitzen wieder wie bei den Hinterläufen der natürlichen Winkelung angepasst, ansonsten bleiben die Haare lang.

Insgesamt sollen alle überstehenden Haare rund um die Vorderläufe durch ausrupfen oder schneiden so gekürzt werden, dass die Läufe wie dicke, gerade Säulen wirken, egal, aus welcher Richtung man den Hund betrachtet. Auf keinen Fall darf man die Haare an den Läufen zu stark kürzen, weil sie hier nur sehr langsam nachwachsen und der Hund sonst sehr unproportioniert wirkt. Allerdings sollte man auch hier einen Unterschied zwischen Ausstellungs- und Familienhunden machen: Beim Ausstellungshund bleiben die Haare an den Läufen insgesamt länger, beim Familien-Westie, der auch einmal über einen aufgeweichten Kartoffelacker jagt, dürfen sie ruhig kürzer und damit pflegeleichter sein. In sehr langer Behaarung an den Läufen friert auch im Winter schnell der Schnee zu ganzen Eisklumpen fest, die sehr beim Laufen hindern. Entscheiden Sie selbst, was in Ihrem Fall am praktischsten ist.

FRONT

Die Front des Westies soll von vorne betrachtet möglichst gerade wirken, so wie auf der Zeichnung 2 d unten rechts. Dazu muss das Haar an der Brust, vorn am Hals und seitlich an den Schultern kürzer sein und ab den Ellbogen länger. Besonders schwierig ist der Übergang vom Körper zu den Läufen. Wenn Sie an den Schultern zu tief herunter kurz trimmen oder scheren, gibt es einen »Knick« wie auf Zeichnung 2 b oder c. Zeichnung 2 a zeigt einen halbierten Westie von vorn - links ungetrimmt, rechts getrimmt. Im mit der Zahl 2 markierten Bereich ist das Haar nochmals kürzer.

Wenn Sie den Brustbereich nicht trimmen, sondern scheren, halten Sie den Hundekopf wie auf dem Foto gezeigt nach oben, damit sich die Hautfalten glattziehen und scheren Sie mit dem Strich.

2 a b c d

PFOTEN

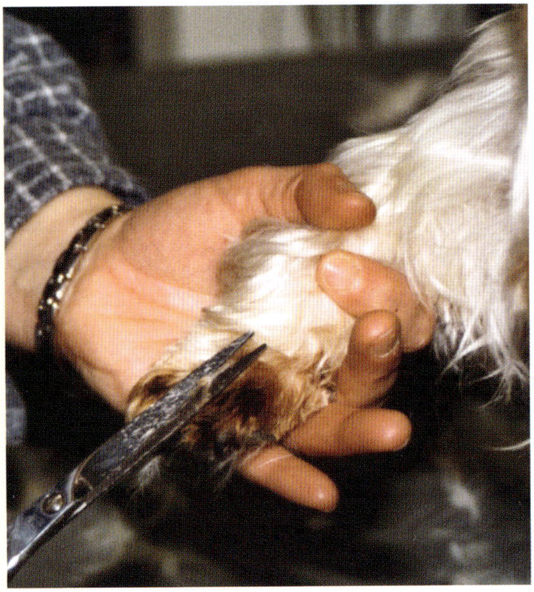

An den Pfoten ist gute Pflege besonders wichtig, denn ohne sie kann der Hund nicht laufen! Schneiden Sie von unten die langen Haare um die Pfote und vor allem zwischen den Zehenballen weg. Lange Haare zwischen den Ballen verklumpen mit Schmutz oder Schnee zu festen Brocken, die beim Laufen wie ein Stein im Schuh drücken und die empfindliche Haut zwischen den Zehen sogar wundreiben können. Aber Vorsicht, dass Sie dabei nicht in die Haut schneiden!

Zum Schluss werden noch von außen die Konturen rund um die Pfote nachgeschnitten. Die Pfote soll nachher möglichst rund wirken. Bei dieser Gelegenheit können Sie auch überprüfen, ob die Krallen wieder einmal geschnitten werden müssen.

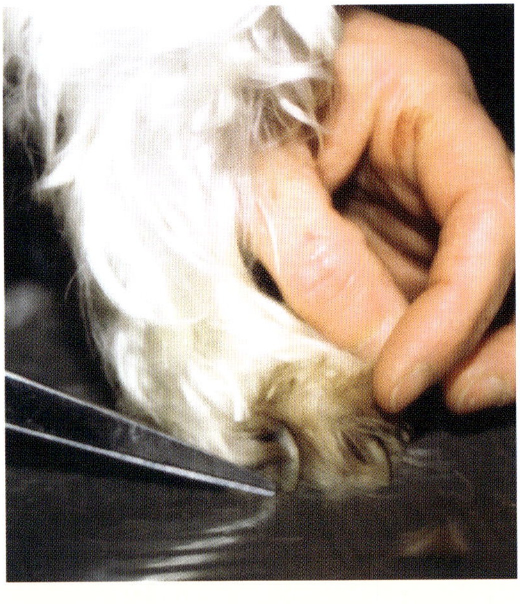

KOPF

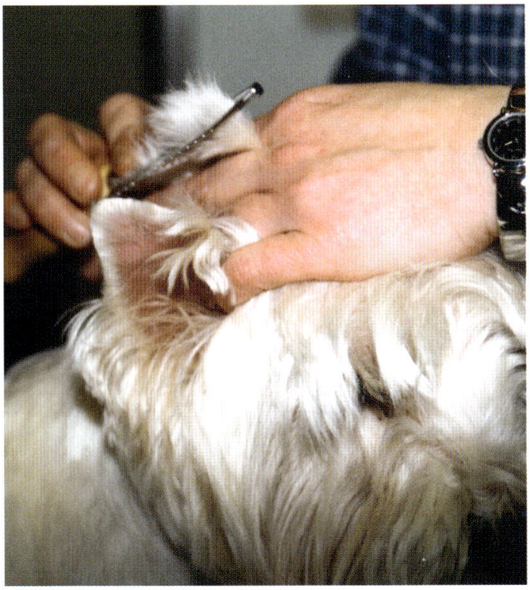

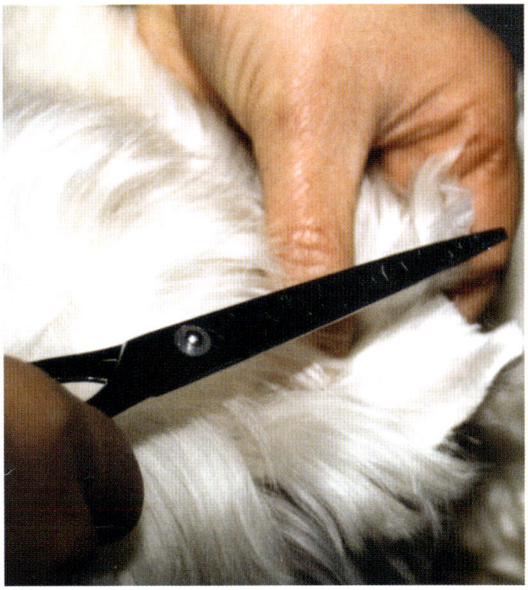

Die Ohren sollen beim Westie keck aus den Kopfhaaren hervorlugen. Schneiden Sie deshalb zuerst das Haar auf dem Oberkopf so, dass nur das obere Ohrdrittel zu sehen ist. Kämmen Sie die Haare dazu zuerst auf und schneiden dann mit der Schere, dem Verlauf der Kopfform folgend. Schneiden Sie dann an diesem vorstehenden Drittel außen und innen an den Ohrkanten entlang die überstehenden Haare ab. Vorsicht - nicht ins Ohr schneiden!

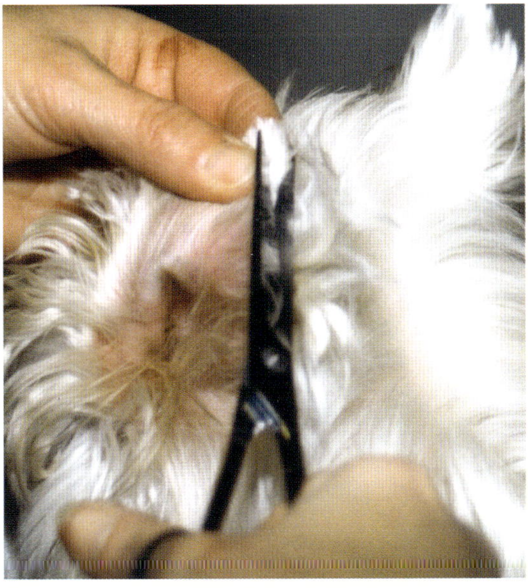

Wenn auf der Oberseite der Ohrläppchen zu lange Haare sprießen, können diese ausgezupft oder mit dem Handklippmesser entfernt werden.

Von innen werden sowohl die Kanten nachgeschnitten als auch unter den Ohren wachsende lange Haare gekürzt.

Innen im Gehörgang sprießende Haare werden zwischen Daumen und Zeigefinger ausgezupft.

Kontrollieren Sie die Ohren bei dieser Gelegenheit auf Entzündungen oder Verschmutzungen.

Den Kopf des Westies wünscht man sich nach dem Fertigmachen insgesamt rund, er soll wirken wie eine Blüte auf dem Stängel. Die Fachleute sprechen deshalb von einem »Chrysanthemenkopf«. Leider schafft man es nicht bei allen Hunden, diese Rundform herauszuarbeiten, besonders, wenn sie weicheres Haar haben, das nicht gut von alleine stehenbleibt und einfach nur nach unten hängt.

Um die Rundform zu erreichen, muss das Haar am Ohransatz genauso lang gelassen werden wie am Oberkopf. Schneiden Sie das Wangenhaar in leichtem Bogen von unten nach oben. Am besten arbeitet man hier mit der Effilierschere, sehr lange, überstehende Haare können auch ausgezupft werden.

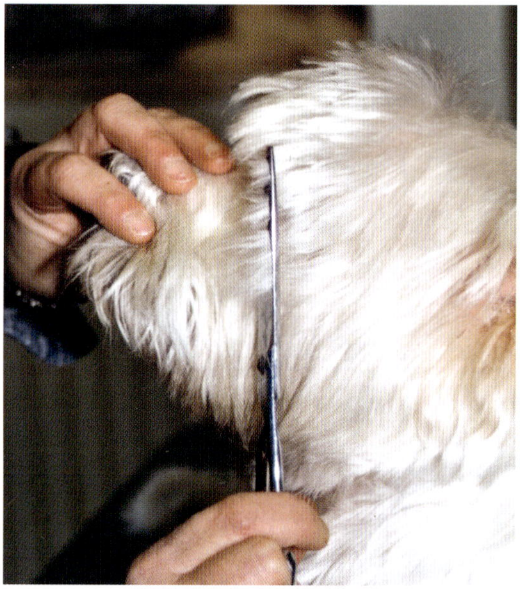

Die über die Augen hängenden Stirnfransen kürzen, wie hier gezeigt. Entscheiden Sie selbst, wie lang der »Pony« bleiben soll.

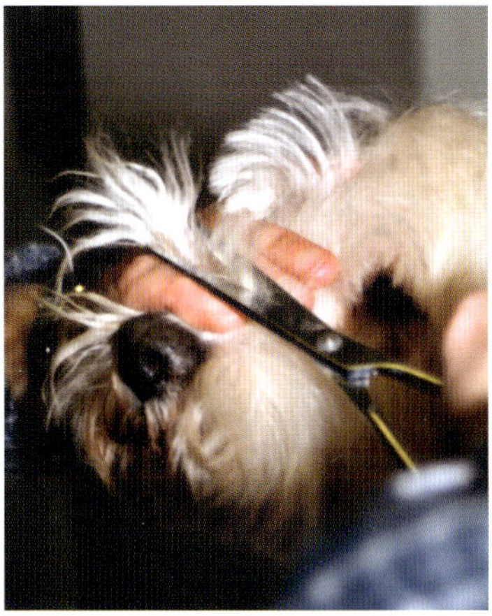

Die ganz langen Haare auf dem Nasenrücken zuerst hoch gekämmt, zwischen den Fingern gefasst und mit der Schere abgeschnitten.

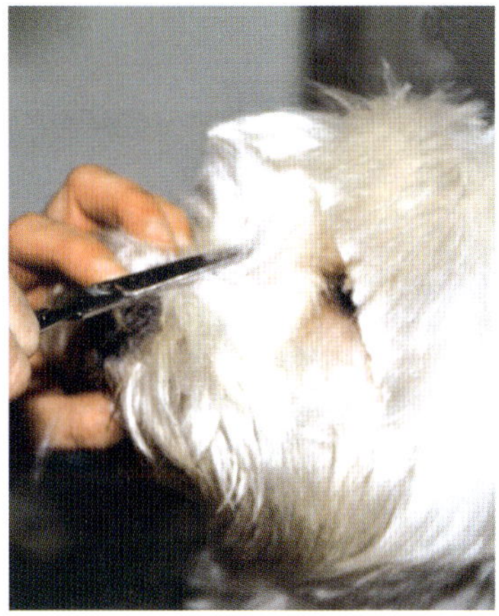

Hier wird der »Stopp« herausgearbeitet, das ist der stufenartige Übergang vom Nasenrücken zum Oberkopf.

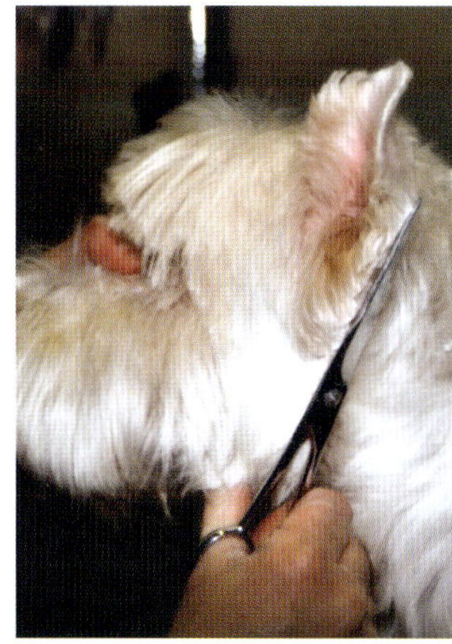

Am Übergang von Kopf zu Hals schneidet man die Haare bogenförmig von unten nach oben wie hier gezeigt.

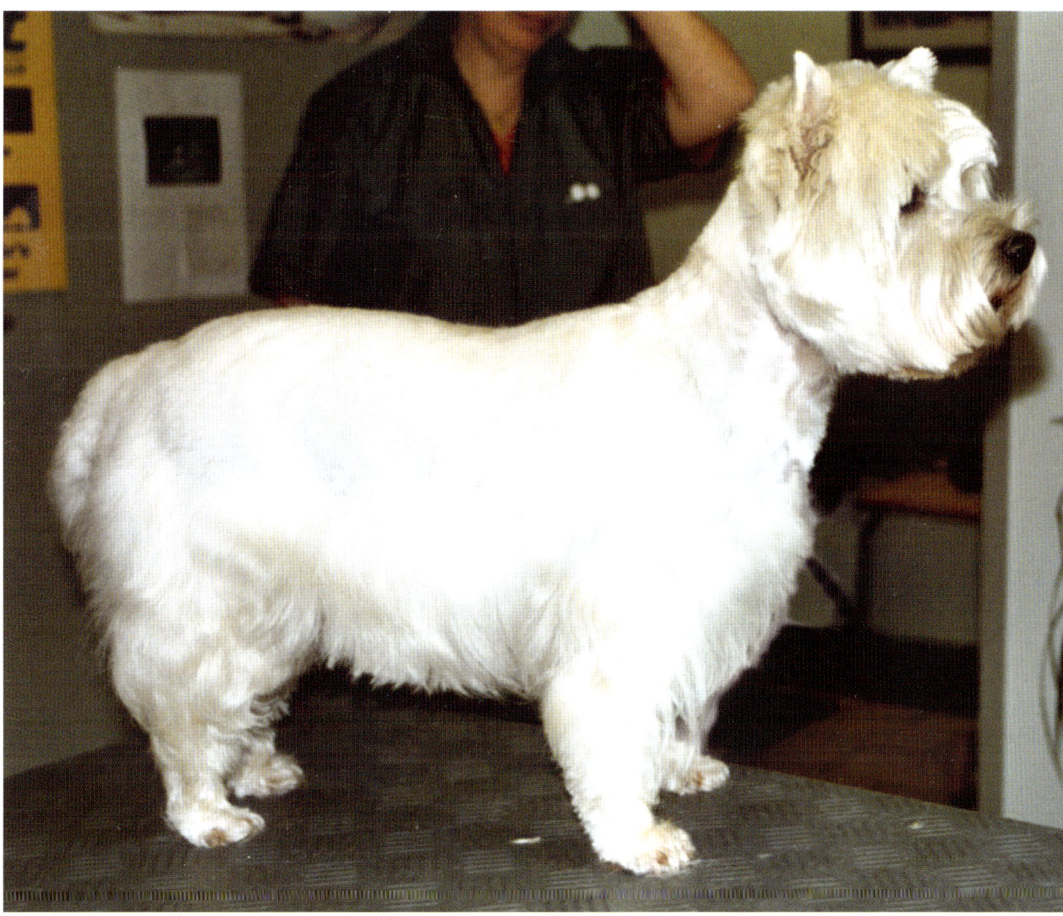

BADEN

Wie oft ein Westie gebadet werden muss, lässt sich nicht so allgemein sagen und sollte von Fall zu Fall entschieden werden. Grundsätzlich ist weniger mehr, denn zu häufiges Baden trocknet Haut und Haare aus - alle paar Wochen reicht! Wenn Ihr Westie sehr schmutzig ist, reicht es oft, Läufe und Bauch abzuwaschen.

Wenn ein Bad nötig ist, dann bitte nur mit speziellem Hundeshampoo oder allenfalls einem milden Babyshampoo, nie mit einem gewöhnlichen Haarshampoo für Menschen. Das Hundeshampoo ist ausnahmsweise kein Trick der Heimtier-Zubehörindustrie, um Ihnen das Geld aus der Tasche zu ziehen, sondern wirklich eine sinnvolle Sache, weil es stark rückfettende Substanzen enthält. So wird ein Austrocknen der Haare wirkungsvoll verhindert und auch die Haut wird nicht irritiert. »Normale« Shampoos enthalten überdies Parfüm- und Duftstoffe, auf die Hunde sehr leicht allergisch reagieren können. Einmal ganz davon abgesehen, dass ein so behandelter Hund sich nach der Wäsche selbst nicht riechen kann - er findet künstliche Parfümdüfte im Gegensatz zu uns nämlich ganz scheußlich!

Legen Sie alle benötigten Utensilien griffbereit, bevor Sie anfangen! Die Ohren müssen mit Wattestöpseln verschlossen werden, damit kein Wasser in den Gehörgang eindringt. Nachdem man das ganze Fell mit handwarmem Wasser gründlich durchfeuchtet hat, massiert man das Shampoo so lange ein, bis es auch die tieferen Schichten des Fells wirklich erreicht hat. Spülen Sie dann wirklich sehr gut mit klarem warmem Wasser nach, denn es dürfen keine Seifenreste im Fell zurückbleiben. In einer Duschwanne mit flachem Einstieg ist das Baden

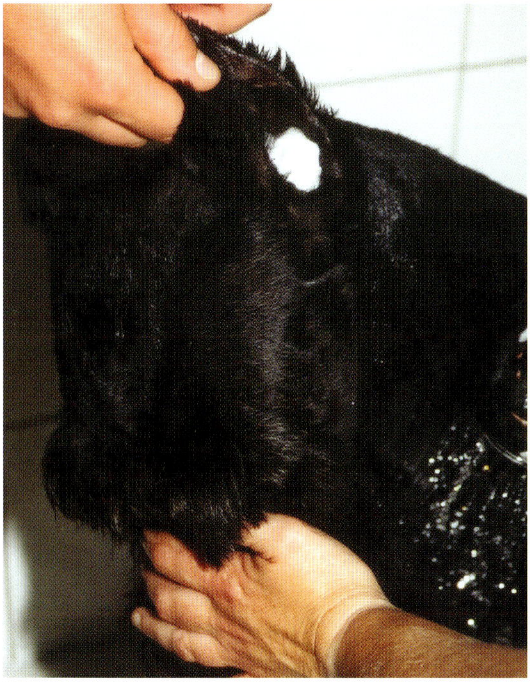

am einfachsten. Eine rutschfeste Gummieinlage ist sinnvoll. Vorsicht, wenn der Hund nach vollendeter Wäsche hinausspringt - ein kräftiges Schütteln wird seine erste Amtshandlung sein! Das Schlimmste können Sie verhindern, wenn Sie ihn vorher mit einem Handtuch abrubbeln und für den Weg von der Wanne bis ins Freie ein kleines Handtuch überwerfen.

Das Trocknen mit dem Föhn ist für die Haare nicht so gut, weil es sie leichter brüchig werden lässt. Wenn es aber sein muss, weil es draußen zu kalt ist, föhnen Sie nur handwarm und aus nicht zu dichter Entfernung.

Verfärbungen im weißen Westie-Fell, wie sie vor allem an den Pfoten und rund um die Augen häufig vorkommen, kann man mit einer Lösung von einem Esslöffel Natron auf einen halben Liter warmes Wasser zum Verblassen bringen.

KRALLEN

Jede Fellpflegesitzung bietet auch eine gute Gelegenheit, die Krallen einmal etwas gründlicher zu untersuchen. Wenn der Hund sich oft genug auf hartem Boden bewegen kann, nutzen sich die Krallen auf ganz natürliche Weise ab und werden nicht zu lang. Fehlte dieser natürliche Abrieb aber eine Zeit lang, werden die Krallen manchmal zu lang und müssen gekürzt werden, weil sie sonst beim Laufen hindern.

Dazu gibt es spezielle Krallenschneide-Zangen wie unten abgebildet. Aber Vorsicht! Nur die Spitze der Krallen besteht aus unempfindlichem Horn, dahinter beginnen Nerven und durchblutetes Gewebe! Bei Hunden mit hellen Krallen, wie meistens beim Westie, kann man die Blutbahnen durchscheinen sehen. Lassen Sie sich das Krallenschneiden aber unbedingt von einem Fachmann (z.B. Tierarzt oder Hundesalon) zeigen, bevor Sie es selbst versuchen.

HAUTPARASITEN

Flöhe

Viele Hundebesitzer sind geschockt, wenn sie Flohbefall bei ihrem Hund feststellen - dabei kommt er »in den besten Familien« vor und ist nicht unbedingt ein Zeichen für mangelnde Pflege und Hygiene. Das erste Symptom ist meist, dass der Hund sich ungewöhnlich häufig kratzt.

Flöhe sind nicht leicht zu entdecken, da sie die meiste Zeit nicht auf dem Hund selbst verbringen. Moderne Wohnungen mit Zentralheizung, Teppichböden und Isolierverglasung bieten den Flöhen ideale Umweltbedingungen, um zu überleben und sich zu vermehren. Gehen Sie davon aus, dass auf jeden Floh, den Sie im Pelz Ihres Hundes finden, hundert weitere kommen, die im Teppich oder im Hundekörbchen versteckt sind.

Scheiteln Sie das Fell auseinander und untersuchen Sie die Haut: Der Kot von Flöhen sieht aus wie kleine schwarze Dreckklümpchen. Wenn Sie ein angefeuchtetes Stück hellen Stoff oder Küchenpapier auf diese Pünktchen drücken, können Sie sehen, wie diese sich in einen orange-roten Fleck auflösen - der Beweis, dass es sich um Flohkot handelt. Die Flöhe selbst sind dunkelbraune, flügellose Insekten, die sich durch Blutsaugen ernähren und mit Leichtigkeit auf ihr Wirtstier hinauf- bzw. von ihm herunterspringen können.

Zur Flohbekämpfung sind verschiedene Mittel im Zoofachbedarf oder beim Tierarzt erhältlich. Flohpuder ist meist nicht sehr effektiv, da es sich nicht gut gleichmäßig im Hundefell und auf den Liegestätten verteilen lässt. Sprays oder Flohshampoos sind da schon effektiver, aber es nutzt nichts, nur den Hund und nicht seine Umgebung zu behandeln, da die Flöhe ihn sonst sofort wieder befallen.

Zur Floh- und Flohlarvenbekämpfung in Decken und Teppichen gibt es spezielle Sprays. Bei ganz schlimmem Befall in der Wohnung helfen oft nur noch so genannte Fogger, das sind Sprayflaschen, die man im Raum mit geschlossenen Türen und Fenstern erhöht auf einem Tisch aufstellt, den Sprühknopf betätigt und den Raum sofort verlässt. Das Mittel entleert sich langsam und der für Flöhe giftige Nebel sinkt in alle Ritzen und Ecken. Danach muss gut durchgelüftet werden, bevor Tier und Mensch den Raum wieder betreten dürfen.

Flohhalsbänder haben nur eine rein vorbeugende Wirkung, und selbst das nur begrenzt. Außerdem reagieren manche Hunde auf sie auch allergisch. Sehr effektiv in der Flohbekämpfung ist ein nur beim Tierarzt erhältliches Gel, das zwischen den Schulterblättern des Hundes aufgetragen wird. Der Wirkstoff wird über die Haut aufgenommen, über den ganzen Körper verteilt und bleibt viele Wochen lang aktiv. In der Regel sind diese Mittel gut verträglich, aber auch hier gibt es Ausnahmen.

Inzwischen gibt es auch gute Naturprodukte im Handel, die auf ätherischen Ölen basieren und in der Regel sehr gut verträglich sind. Einen Versuch sind sie sicherlich wert!

Zecken

Sie leben in Gebüsch, Gehölz oder hohem Gras und lassen sich gerne auf vorbei streifende Tiere (oder Menschen) fallen, um sich mit ihrem Mundwerkzeug festzusaugen und vom Blut zu ernähren. Zu Beginn des Festsaugens sehen sie wie winzige Spinnen aus und sind nur wenige Millimeter groß, ähneln aber mit ihrem Blut gefüllten Bauch schon bald einer bläulich-grauen oder braunen Erbse. Beim Hund sitzen sie meist an Kopf oder Brust. Zecken verursachen häufig Juckreiz und können die gefährliche Lyme Borreliose übertragen, eine relativ seltene, aber stark schwächende Krankheit. Suchen Sie Ihren Hund nach jedem Spaziergang im Freien deshalb gründlich nach Zecken ab und entfernen Sie diese sofort. Früher empfahl man, die Zecken mit Öl, Alkohol oder Nagellack zu beträufeln, damit sie ersticken und ihren Griff loslassen. Heute weiß man, dass so behandelte Zecken im Todeskampf nur noch mehr mit möglichen Krankheitserregern verseuchten Speichel in die Bisswunde pumpen - das Infektionsrisiko ist erhöht. Am besten ist es deshalb, die Zecken einfach mit einer Drehbewegnug zu entfernen (ob mit oder gegen den Uhrzeigersinn ist dabei egal). Am besten geht das mit einer speziellen Zeckenzange, die in jeder Apotheke erhältlich ist, aber wer geschickt ist, schafft es auch mit Daumen und Zeigefinger. Wichtig ist nur, dass Sie den Kopf der Zecke nicht abreißen, da dieser zu Entzündungen führen kann, wenn er in der Haut stecken bleibt. Auch gegen Zecken hilft vorbeugend das schon erwähnte Gel vom Tierarzt.

Milben

Milben gehören zu den unangenehmeren Hautparasiten, weil sie Räude verursachen - kahle, schuppige Hautstellen, starker Juckreiz oder sogar nässende Ekzeme sind die Folge. Bei Verdacht auf Milbenbefall ist sofort der Tierarzt zu konsultieren, weil die Räude hoch ansteckend ist und sogar lebensbedrohlich werden kann.

Renate Dolz
KYNOS TRIMM- UND PFLEGEFIBEL

Wie frisiert man einen Hund fach- und sachgerecht? Die Autorin zeigt an 30 Hunderassen, wie es geht. Nach diesem Buch schafft es jeder Hundefreund mit ein wenig Übung, seinen Hund selbst perfekt und für die Ausstellung standardgerecht herzurichten.

Renate Dolz gehörte zu den erfahrensten Hundepflegern, war eine begnadete Zeichnerin. Wort und Bild führen zum erstklassig zurechtgemachten Terrier, Pudel oder Schnauzer! Und die Hunde lieben Trimmen und Pflegen!
232 Seiten, über 200 Zeichnungen. ISBN 978-3-938071-85-4, Euro 21,50
Überarbeitete Neuauflage 2010.

KYNOS VERLAG Dr. Dieter Fleig GmbH
Konrad-Zuse-Straße 3 · 54552 Nerdlen/Daun
Telefon: 06592 957389-0 · Fax: 06592 957389-20